hachette HEROES

MOOD TRACKER

Les couleurs de votre humeur

Mood tracker

LES COULEURS DE VOTRE HUMEUR

Tous les jours, nous subissons du stress, des pressions, que ce soit dans notre vie personnelle ou professionnelle. Ce carnet totalement personnalisable vous permettra de suivre votre humeur tout au long de l'année. En lui ajoutant de jolies couleurs, vous pourrez faire le bilan de vos moments de bonheur comme de vos instants plus compliqués.
À l'aide des illustrations originales de Sandrine Fourrier qui accompagneront les 52 semaines de votre année, apportez de la couleur dans votre vie !

MODE D'EMPLOI

Chaque semaine, retrouvez une nouvelle illustration en rapport avec la saison. Cette illustration comporte, entre autres, 7 éléments récurrents. Cela peut être 7 ballons, 7 étoiles, 7 coquillages, 7 fleurs… Chaque élément représente un jour et doit être colorié de la couleur de votre humeur du jour. Vous avez eu une dure journée ? Choisissez un rouge ou une couleur forte. Votre journée a été ensoleillée et riche ? Choisissez une couleur douce.

À vous de créer votre légende par illustration dans les cases prévues à cet effet. Voici quelques exemples de légendes que vous allez retrouver dans l'ouvrage. N'hésitez pas à ajouter des cases pour des émotions auxquelles nous n'aurions pas pensé !

- ◯ Inspiré / inspirée
- ◯ Heureux / heureuse
- ◯ Amoureux / amoureuse
- ◯ En colère
- ◯ Triste
- ◯ Stressé / stressée

TO DO LIST

LES CHOSES IMPORTANTES DE LA SEMAINE, À NE PAS OUBLIER.

ÉVÉNEMENTS À RETENIR

RÉUNIONS, DÉCISIONS OU ENCORE RENDEZ-VOUS IMPORTANTS QUI ONT PONCTUÉ VOTRE SEMAINE.

Janvier

DATES

TO DO LIST

♡ ....

♡ ....

♡ ....

♡ ....

♡ ....

Événements à retenir

MON RESSENTI GÉNÉRAL

1 2 3 4 5 6 7 8 9 10

NIVEAU DE MOTIVATION

Couleurs de mes émotions

◯ Inspiré / inspirée	◯ Amoureux / amoureuse	◯ Heureux / heureuse
◯ En colère	◯ Triste	◯ Stressé / stressée
◯	◯	◯ ....

NIVEAU DE MOTIVATION

MOTIVATION AU RAS DES PÂQUERETTES OU REBOOSTÉE APRÈS DES VACANCES ?

OU

EXERCICES DE RELAXATION MIS EN PLACE

RESPIRATION, YOGA, COLORIAGE ? À CHACUN SES MÉTHODES POUR SE DÉTENDRE.

MON RESSENTI GÉNÉRAL

VOTRE SEMAINE S'EST-ELLE BIEN PASSÉE ?

COULEURS DE MES ÉMOTIONS

CHOISISSEZ UNE COULEUR PAR ÉMOTION ET COLORIEZ L'ILLUSTRATION EN FONCTION DES JOURS DE LA SEMAINE. VOUS POUVEZ COMPLÉTER CETTE LÉGENDE AVEC DES ÉMOTIONS AUXQUELLES NOUS N'AVONS PAS PENSÉ.

En plus des 52 illustrations représentant les 52 semaines de l'année, nous vous proposons 8 illustrations bonus :

• **Voyages :** mettez en couleur les mois durant lesquels vous avez voyagé, que ce soit pour le plaisir ou pour le travail.
• **Concerts :** dans un stade ou dans une petite salle intimiste, voir ses groupes et chanteurs préférés sur scène est toujours un plaisir. Coloriez les mois où vous avez chanté à tue-tête avec 10 000 autres personnes !
• **Séries TV :** vous avez découvert une nouvelle série qui vous tient en haleine semaine après semaine ou que vous avez binge-watchée en un week-end ? C'est le moment de le noter !
• **Films :** un film incontournable découvert en couple ou avec des amis au cinéma ? Notifiez-le en couleurs !
• **Jeux de société :** des parties de cartes ou des campagnes Donjons & Dragons avec des potes ? Quel que soit le jeu que vous choisissez, vous y trouverez votre bonheur ! Notez les dates de ces parties pour vous en souvenir.
• **Musées et expositions :** dernière exposition à la mode ou musée centenaire de votre ville, chaque sortie et visite vous apportera calme et relaxation. Gardez les tickets d'entrée et indiquez sur la page correspondante ces petits moments de détente.
• **Livres :** le Goncourt ou le dernier phénomène romantasy ? Pourquoi pas un roman de science-fiction ou la biographie d'un acteur connu ? Plonger dans un livre est toujours un moment extraordinaire. Si l'un d'eux vous a passionné, notez-le et coloriez le mois correspondant.
• **Loisirs créatifs :** vous hésitez entre le point de croix, le coloriage art thérapie ou le tricot ? Pas de souci, toutes ces activités créatives sont un excellent moyen de se détendre.

La bonne santé mentale est tout aussi importante que la bonne santé physique. Ce carnet à remplir en fonction de votre humeur vous permettra de garder le cap. Si trop de mauvaises journées s'enchaînent, il est peut-être temps de réagir et de mettre en place des activités qui vous permettront de vous détendre et de retrouver le contrôle. Faire un point sur une année entière vous donnera l'opportunité de vous interroger sur votre vie, votre travail, vos loisirs, sur les gens qui vous entourent, etc.

METTRE EN COULEUR LES JOLIES ILLUSTRATIONS QUI COMPOSENT CE JOURNAL À PERSONNALISER VOUS APPORTERA JOIE ET SÉRÉNITÉ !

Janvier

DATES

Événements à retenir

TO DO LIST

♡ ....

♡ ....

♡ ....

♡ ....

♡ ....

....

....

....

....

....

MON RESSENTI GÉNÉRAL

1 2 3 4 5 6 7 8 9 10

NIVEAU DE MOTIVATION

☆ ☆ ☆ ☆ ☆

Couleurs de mes émotions

○ Inspiré / inspirée

○ Amoureux / amoureuse

○ Heureux / heureuse

○ En colère

○ Triste

○ Stressé / stressée

○ ....

○ ....

○ ....

....

....

Winter

Janvier

DATES

Événements à retenir

TO DO LIST

♡ ....

♡ ....

♡ ....

♡ ....

♡ ....

MON RESSENTI GÉNÉRAL

1 2 3 4 5 6 7 8 9 10

EXERCICES DE RELAXATION MIS EN PLACE

....

....

Couleurs de mes émotions

○ Inspiré / inspirée ○ Amoureux / amoureuse ○ Heureux / heureuse

○ En colère ○ Triste ○ Stressé / stressée

○ .... ○ .... ○ ....

Janvier

DATES

TO DO LIST

♡ ....

♡ ....

♡ ....

♡ ....

♡ ....

Événements à retenir

....

....

....

....

....

MON RESSENTI GÉNÉRAL

1 2 3 4 5 6 7 8 9 10

NIVEAU DE MOTIVATION

☆ ☆ ☆ ☆ ☆

Couleurs de mes émotions

○ Inspiré / inspirée

○ Amoureux / amoureuse

○ Heureux / heureuse

○ En colère

○ Triste

○ Stressé / stressée

○ ....

○ ....

○ ....

....

....

Janvier

DATES

Événements à retenir

TO DO LIST

♡ ....

♡ ....

♡ ....

♡ ....

♡ ....

MON RESSENTI GÉNÉRAL

1 2 3 4 5 6 7 8 9 10

EXERCICES DE RELAXATION MIS EN PLACE

Couleurs de mes émotions

Inspiré / inspirée

Amoureux / amoureuse

Heureux / heureuse

En colère

Triste

Stressé / stressée

Janvier

DATES

Événements à retenir

....
....
....
....
....

TO DO LIST

♡ ....
♡ ....
♡ ....
♡ ....
♡ ....

MON RESSENTI GÉNÉRAL

1 2 3 4 5 6 7 8 9 10

NIVEAU DE MOTIVATION

☆ ☆ ☆ ☆ ☆

Couleurs de mes émotions

○ Inspiré / inspirée ○ Amoureux / amoureuse ○ Heureux / heureuse

○ En colère ○ Triste ○ Stressé / stressée

○ .... ○ .... ○ ....

....
....

Voyages

LES VOYAGES EFFECTUÉS

DESTINATION	DATE	LOISIR/PROFESSIONNEL
....	....	....
....	....	....
....	....	....
....	....	....
....	....	....
....	....	....
....	....	....

Mes destinations de rêve

- ....
- ....
- ....
- ....
- ....
- ....
- ....
- ....
- ....
- ....

Voyages
Janvier
Février
Mars
Avril
Mai
Juin
Juillet
Août
Septembre
Octobre
Novembre
Décembre

Février

DATES

TO DO LIST

♡ ....

♡ ....

♡ ....

♡ ....

♡ ....

Événements à retenir

....

....

....

....

....

MON RESSENTI GÉNÉRAL

1 2 3 4 5 6 7 8 9 10

NIVEAU DE MOTIVATION

☆ ☆ ☆ ☆ ☆

Couleurs de mes émotions

○ Inspiré / inspirée	○ Amoureux / amoureuse	○ Heureux / heureuse
○ En colère	○ Triste	○ Stressé / stressée
○	○	○ ....

....

....

Février

DATES

TO DO LIST

♡ ....

♡ ....

♡ ....

♡ ....

♡ ....

Événements à retenir

....

....

....

....

....

MON RESSENTI GÉNÉRAL

1 2 3 4 5 6 7 8 9 10

EXERCICES DE RELAXATION MIS EN PLACE

....

....

Couleurs de mes émotions

○ Inspiré / inspirée ○ Amoureux / amoureuse ○ Heureux / heureuse

○ En colère ○ Triste ○ Stressé / stressée

○ .... ○ .... ○ ....

....

....

Love

Février

DATES

TO DO LIST

♡ ....

♡ ....

♡ ....

♡ ....

♡ ....

Événements à retenir

....

....

....

....

....

MON RESSENTI GÉNÉRAL

1 2 3 4 5 6 7 8 9 10

NIVEAU DE MOTIVATION

☆ ☆ ☆ ☆ ☆

Couleurs de mes émotions

○ Inspiré / inspirée ○ Amoureux / amoureuse ○ Heureux / heureuse

○ En colère ○ Triste ○ Stressé / stressée

○ .... ○ .... ○ ....

....

....

Coffee
TEA

Février

DATES

Événements à retenir

....

....

....

....

....

TO DO LIST

♡ ....

♡ ....

♡ ....

♡ ....

♡ ....

MON RESSENTI GÉNÉRAL

1 2 3 4 5 6 7 8 9 10

EXERCICES DE RELAXATION MIS EN PLACE

....

....

Couleurs de mes émotions

○ Inspiré / inspirée
○ Amoureux / amoureuse
○ Heureux / heureuse
○ En colère
○ Triste
○ Stressé / stressée
○ ....
○ ....
○ ....

....

....

Mars

DATES

Événements à retenir

TO DO LIST

♡ ....

♡ ....

♡ ....

♡ ....

♡ ....

MON RESSENTI GÉNÉRAL

1 2 3 4 5 6 7 8 9 10

NIVEAU DE MOTIVATION

Couleurs de mes émotions

Inspiré / inspirée

Amoureux / amoureuse

Heureux / heureuse

En colère

Triste

Stressé / stressée

Mars

DATES

Événements à retenir

TO DO LIST

♡

♡

♡

♡

♡

MON RESSENTI GÉNÉRAL

1 2 3 4 5 6 7 8 9 10

EXERCICES DE RELAXATION MIS EN PLACE

Couleurs de mes émotions

- Inspiré / inspirée
- Amoureux / amoureuse
- Heureux / heureuse
- En colère
- Triste
- Stressé / stressée

Mars

DATES

Événements à retenir

TO DO LIST

♡ ....

♡ ....

♡ ....

♡ ....

♡ ....

....

....

....

....

....

MON RESSENTI GÉNÉRAL

1 2 3 4 5 6 7 8 9 10

NIVEAU DE MOTIVATION

☆ ☆ ☆ ☆ ☆

Couleurs de mes émotions

○ Inspiré / inspirée ○ Amoureux / amoureuse ○ Heureux / heureuse

○ En colère ○ Triste ○ Stressé / stressée

○ .... ○ .... ○ ....

....

....

Mars

DATES

Événements à retenir

TO DO LIST

♡ ....

♡ ....

♡ ....

♡ ....

♡ ....

MON RESSENTI GÉNÉRAL

1 2 3 4 5 6 7 8 9 10

EXERCICES DE RELAXATION MIS EN PLACE

Couleurs de mes émotions

Inspiré / inspirée

Amoureux / amoureuse

Heureux / heureuse

En colère

Triste

Stressé / stressée

Concerts

MES CONCERTS DE L'ANNÉE

GROUPE/ARTISTE	DATE	AVEC QUI ?	OÙ ?

Les artistes que je rêve de voir sur scène

- ★ ....
- ★ ....
- ★ ....
- ★ ....
- ★ ....
- ★ ....
- ★ ....
- ★ ....

Concerts
JANVIER
FÉVRIER
MARS
AVRIL
MAI
JUIN
JUILLET
AOÛT
PTEMBRE
CTOBRE
NOVEMBRE
DÉCEMBRE

Avril

DATES

TO DO LIST

♡ ....

♡ ....

♡ ....

♡ ....

♡ ....

Événements à retenir

....

....

....

....

....

MON RESSENTI GÉNÉRAL

1 2 3 4 5 6 7 8 9 10

NIVEAU DE MOTIVATION

☆ ☆ ☆ ☆ ☆

Couleurs de mes émotions

○ Inspiré / inspirée ○ Amoureux / amoureuse ○ Heureux / heureuse

○ En colère ○ Triste ○ Stressé / stressée

○ .... ○ .... ○ ....

....

....

Avril

DATES

Événements à retenir

TO DO LIST

♡ ....

♡ ....

♡ ....

♡ ....

♡ ....

MON RESSENTI GÉNÉRAL

1 2 3 4 5 6 7 8 9 10

EXERCICES DE RELAXATION MIS EN PLACE

....

....

Couleurs de mes émotions

○ Inspiré / inspirée	○ Amoureux / amoureuse	○ Heureux / heureuse
○ En colère	○ Triste	○ Stressé / stressée
○	○	○ ....

....

....

Avril

DATES

Événements à retenir

....

....

....

....

....

TO DO LIST

♡ ....

♡ ....

♡ ....

♡ ....

♡ ....

MON RESSENTI GÉNÉRAL

1 2 3 4 5 6 7 8 9 10

NIVEAU DE MOTIVATION

☆ ☆ ☆ ☆ ☆

Couleurs de mes émotions

◯ Inspiré / inspirée	◯ Amoureux / amoureuse	◯ Heureux / heureuse
◯ En colère	◯ Triste	◯ Stressé / stressée
◯	◯	◯ ....

....

....

Spring time

Avril

DATES

Événements à retenir

TO DO LIST

♡ ....

♡ ....

♡ ....

♡ ....

♡ ....

MON RESSENTI GÉNÉRAL

1 2 3 4 5 6 7 8 9 10

EXERCICES DE RELAXATION MIS EN PLACE

....

....

Couleurs de mes émotions

○ Inspiré / inspirée

○ Amoureux / amoureuse

○ Heureux / heureuse

○ En colère

○ Triste

○ Stressé / stressée

○ ....

○ ....

○ ....

....

....

Mai

DATES

Événements à retenir

TO DO LIST

♡ ....

♡ ....

♡ ....

♡ ....

♡ ....

....

....

....

....

....

MON RESSENTI GÉNÉRAL

1 2 3 4 5 6 7 8 9 10

NIVEAU DE MOTIVATION

☆ ☆ ☆ ☆ ☆

Couleurs de mes émotions

○ Inspiré / inspirée ○ Amoureux / amoureuse ○ Heureux / heureuse

○ En colère ○ Triste ○ Stressé / stressée

○ .... ○ .... ○ ....

....

....

Mai

DATES

Événements à retenir

TO DO LIST

♡ ....

♡ ....

♡ ....

♡ ....

♡ ....

....

....

....

....

....

MON RESSENTI GÉNÉRAL

1 2 3 4 5 6 7 8 9 10

EXERCICES DE RELAXATION MIS EN PLACE

....

....

Couleurs de mes émotions

○ Inspiré / inspirée ○ Amoureux / amoureuse ○ Heureux / heureuse

○ En colère ○ Triste ○ Stressé / stressée

○ .... ○ .... ○ ....

....

....

Mai

DATES

Événements à retenir

TO DO LIST

♡ ....

♡ ....

♡ ....

♡ ....

♡ ....

....

....

....

....

....

MON RESSENTI GÉNÉRAL

1 2 3 4 5 6 7 8 9 10

NIVEAU DE MOTIVATION

☆ ☆ ☆ ☆ ☆

Couleurs de mes émotions

◯ Inspiré / inspirée ◯ Amoureux / amoureuse ◯ Heureux / heureuse

◯ En colère ◯ Triste ◯ Stressé / stressée

◯ .... ◯ .... ◯ ....

....

....

Mai

DATES

Événements à retenir

TO DO LIST

♡ ....

♡ ....

♡ ....

♡ ....

♡ ....

MON RESSENTI GÉNÉRAL

1 2 3 4 5 6 7 8 9 10

EXERCICES DE RELAXATION MIS EN PLACE

Couleurs de mes émotions

◯ Inspiré / inspirée ◯ Amoureux / amoureuse ◯ Heureux / heureuse

◯ En colère ◯ Triste ◯ Stressé / stressée

◯ .... ◯ .... ◯ ....

Let's
Bloom

Mai

DATES

Événements à retenir

TO DO LIST

♡ ....

♡ ....

♡ ....

♡ ....

♡ ....

MON RESSENTI GÉNÉRAL

1 2 3 4 5 6 7 8 9 10

NIVEAU DE MOTIVATION

☆ ☆ ☆ ☆ ☆

Couleurs de mes émotions

○ Inspiré / inspirée

○ Amoureux / amoureuse

○ Heureux / heureuse

○ En colère

○ Triste

○ Stressé / stressée

○ ....

○ ....

○ ....

Séries TV

MES SÉRIES DOUDOU

TITRE	DATE	PLATEFORME	NOTE
			☺☺☺☺
			☺☺☺☺
			☺☺☺☺
			☺☺☺☺
			☺☺☺☺
			☺☺☺☺

Les nouvelles saisons que j'attends avec impatience

-
-
-
-
-

Séries
JANVIER
FÉVRIER
MARS
AVRIL
MAI
JUIN
JUILLET
AOÛT
SEPTEMBRE
OCTOBRE
NOVEMBRE
DÉCEMBRE

Juin

DATES

Événements à retenir

....

....

....

....

....

TO DO LIST

- ♡ ....
- ♡ ....
- ♡ ....
- ♡ ....
- ♡ ....

MON RESSENTI GÉNÉRAL

1 2 3 4 5 6 7 8 9 10

NIVEAU DE MOTIVATION

☆ ☆ ☆ ☆ ☆

Couleurs de mes émotions

○ Inspiré / inspirée ○ Amoureux / amoureuse ○ Heureux / heureuse

○ En colère ○ Triste ○ Stressé / stressée

○ .... ○ .... ○ ....

....

....

Juin

DATES

Événements à retenir

....

....

....

....

....

TO DO LIST

♡ ....

♡ ....

♡ ....

♡ ....

♡ ....

MON RESSENTI GÉNÉRAL

1 2 3 4 5 6 7 8 9 10

EXERCICES DE RELAXATION MIS EN PLACE

....

....

Couleurs de mes émotions

○ Inspiré / inspirée ○ Amoureux / amoureuse ○ Heureux / heureuse

○ En colère ○ Triste ○ Stressé / stressée

○ .... ○ .... ○ ....

....

....

Juin

DATES

Événements à retenir

TO DO LIST

♡ ....

♡ ....

♡ ....

♡ ....

♡ ....

MON RESSENTI GÉNÉRAL

1 2 3 4 5 6 7 8 9 10

NIVEAU DE MOTIVATION

Couleurs de mes émotions

◯ Inspiré / inspirée ◯ Amoureux / amoureuse ◯ Heureux / heureuse

◯ En colère ◯ Triste ◯ Stressé / stressée

◯ .... ◯ .... ◯ ....

Juin

DATES

To do list

♡ ....
♡ ....
♡ ....
♡ ....
♡ ....

Événements à retenir

....
....
....
....
....

Mon ressenti général

1 2 3 4 5 6 7 8 9 10

Exercices de relaxation mis en place

....
....

Couleurs de mes émotions

○ Inspiré / inspirée ○ Amoureux / amoureuse ○ Heureux / heureuse

○ En colère ○ Triste ○ Stressé / stressée

○ .... ○ .... ○ ....

....
....

Films

LES MEILLEURS FILMS DE L'ANNÉE

TITRE	DATE	OÙ ?	AVEC QUI ?	NOTE

Les prochaines sorties que j'attends

Cinéma
Janvier
Février
Mars
Avril
Mai
Juin
Juillet
Août
Septembre
Octobre
Novembre
Décembre

Juillet

DATES

Événements à retenir

....

....

....

....

....

TO DO LIST

- ♡ ....
- ♡ ....
- ♡ ....
- ♡ ....
- ♡ ....

MON RESSENTI GÉNÉRAL

1 2 3 4 5 6 7 8 9 10

NIVEAU DE MOTIVATION

☆ ☆ ☆ ☆ ☆

Couleurs de mes émotions

○ Inspiré / inspirée ○ Amoureux / amoureuse ○ Heureux / heureuse

○ En colère ○ Triste ○ Stressé / stressée

○ .... ○ .... ○ ....

....

....

hello July

Juillet

DATES

Événements à retenir

TO DO LIST

♡ ....

♡ ....

♡ ....

♡ ....

♡ ....

MON RESSENTI GÉNÉRAL

1 2 3 4 5 6 7 8 9 10

EXERCICES DE RELAXATION MIS EN PLACE

....

....

Couleurs de mes émotions

○ Inspiré / inspirée ○ Amoureux / amoureuse ○ Heureux / heureuse

○ En colère ○ Triste ○ Stressé / stressée

○ .... ○ .... ○ ....

....

....

Juillet

DATES

Événements à retenir

TO DO LIST

♡ ....

♡ ....

♡ ....

♡ ....

♡ ....

MON RESSENTI GÉNÉRAL

1 2 3 4 5 6 7 8 9 10

NIVEAU DE MOTIVATION

☆ ☆ ☆ ☆ ☆

Couleurs de mes émotions

○ Inspiré / inspirée ○ Amoureux / amoureuse ○ Heureux / heureuse

○ En colère ○ Triste ○ Stressé / stressée

○ .... ○ .... ○ ....

Juillet

DATES

Événements à retenir

TO DO LIST

♡ ....

♡ ....

♡ ....

♡ ....

♡ ....

MON RESSENTI GÉNÉRAL

1 2 3 4 5 6 7 8 9 10

EXERCICES DE RELAXATION MIS EN PLACE

....

....

Couleurs de mes émotions

○ Inspiré / inspirée ○ Amoureux / amoureuse ○ Heureux / heureuse

○ En colère ○ Triste ○ Stressé / stressée

○ .... ○ .... ○ ....

....

....

Juillet

Dates

Événements à retenir

To do list

♡ ....

♡ ....

♡ ....

♡ ....

♡ ....

Mon ressenti général

1 2 3 4 5 6 7 8 9 10

Niveau de motivation

☆ ☆ ☆ ☆ ☆

Couleurs de mes émotions

○ Inspiré / inspirée	○ Amoureux / amoureuse	○ Heureux / heureuse
○ En colère	○ Triste	○ Stressé / stressée
○	○	○ ....

Jeux de société

LES JEUX DÉCOUVERTS TOUT AU LONG DE L'ANNÉE

NOM	DATE	AVEC QUI ?	NOTE
			☺☺☺☺
			☺☺☺☺
			☺☺☺☺
			☺☺☺☺
			☺☺☺☺
			☺☺☺☺

Jeux
JANVIER
FÉVRIER
MARS
AVRIL
MAI
JUIN
JUILLET
AOÛT
SEPTEMBRE
OCTOBRE
NOVEMBRE
DÉCEMBRE

Août

DATES

To do list

♡ ....

♡ ....

♡ ....

♡ ....

♡ ....

Événements à retenir

....

....

....

....

....

Mon ressenti général

1 2 3 4 5 6 7 8 9 10

Niveau de motivation

☆ ☆ ☆ ☆ ☆

Couleurs de mes émotions

○ Inspiré / inspirée ○ Amoureux / amoureuse ○ Heureux / heureuse

○ En colère ○ Triste ○ Stressé / stressée

○ .... ○ .... ○ ....

....

....

Août

DATES

Événements à retenir

TO DO LIST

♡ ....

♡ ....

♡ ....

♡ ....

♡ ....

....

....

....

....

....

MON RESSENTI GÉNÉRAL

1 2 3 4 5 6 7 8 9 10

EXERCICES DE RELAXATION MIS EN PLACE

....

....

Couleurs de mes émotions

◯ Inspiré / inspirée ◯ Amoureux / amoureuse ◯ Heureux / heureuse

◯ En colère ◯ Triste ◯ Stressé / stressée

◯ .... ◯ .... ◯ ....

....

....

Août

Dates

To do list

♡ ....

♡ ....

♡ ....

♡ ....

♡ ....

Événements à retenir

....

....

....

....

....

Mon ressenti général

1 2 3 4 5 6 7 8 9 10

Niveau de motivation

☆ ☆ ☆ ☆ ☆

Couleurs de mes émotions

- ○ Inspiré / inspirée
- ○ Amoureux / amoureuse
- ○ Heureux / heureuse
- ○ En colère
- ○ Triste
- ○ Stressé / stressée
- ○ ....
- ○ ....
- ○ ....

....

....

Août

DATES

Événements à retenir

TO DO LIST

♡ ....

♡ ....

♡ ....

♡ ....

♡ ....

MON RESSENTI GÉNÉRAL

1 2 3 4 5 6 7 8 9 10

EXERCICES DE RELAXATION MIS EN PLACE

Couleurs de mes émotions

- Inspiré / inspirée
- Amoureux / amoureuse
- Heureux / heureuse
- En colère
- Triste
- Stressé / stressée
- ....
- ....
- ....

Septembre

DATES

Événements à retenir

TO DO LIST

♡ ....

♡ ....

♡ ....

♡ ....

♡ ....

MON RESSENTI GÉNÉRAL

1 2 3 4 5 6 7 8 9 10

NIVEAU DE MOTIVATION

☆ ☆ ☆ ☆ ☆

Couleurs de mes émotions

○ Inspiré / inspirée ○ Amoureux / amoureuse ○ Heureux / heureuse

○ En colère ○ Triste ○ Stressé / stressée

○ .... ○ .... ○ ....

Septembre

DATES

TO DO LIST

♡ ....

♡ ....

♡ ....

♡ ....

♡ ....

Événements à retenir

....

....

....

....

....

MON RESSENTI GÉNÉRAL

1 2 3 4 5 6 7 8 9 10

EXERCICES DE RELAXATION MIS EN PLACE

....

....

Couleurs de mes émotions

○ Inspiré / inspirée	○ Amoureux / amoureuse	○ Heureux / heureuse
○ En colère	○ Triste	○ Stressé / stressée
○	○	○ ....

....

....

Septembre

DATES

TO DO LIST

♡ ....

♡ ....

♡ ....

♡ ....

♡ ....

Événements à retenir

....

....

....

....

....

MON RESSENTI GÉNÉRAL

1 2 3 4 5 6 7 8 9 10

NIVEAU DE MOTIVATION

☆ ☆ ☆ ☆ ☆

Couleurs de mes émotions

○ Inspiré / inspirée	○ Amoureux / amoureuse	○ Heureux / heureuse
○ En colère	○ Triste	○ Stressé / stressée
○	○	○ ....

....

....

Septembre

DATES

Événements à retenir

....
....
....
....
....

TO DO LIST

♡ ....
♡ ....
♡ ....
♡ ....
♡ ....

MON RESSENTI GÉNÉRAL

1 2 3 4 5 6 7 8 9 10

EXERCICES DE RELAXATION MIS EN PLACE

....
....

Couleurs de mes émotions

○ Inspiré / inspirée
○ Amoureux / amoureuse
○ Heureux / heureuse
○ En colère
○ Triste
○ Stressé / stressée
○ ....
○ ....
○ ....

....
....

Musées et expositions

LES PLUS BELLES EXPOSITIONS DE L'ANNÉE

TITRE	DATE	OÙ ?	AVEC QUI ?

Expos
Janvier
Février
Mars
Avril
Mai
Juin
Juillet
Août
Septembre
Octobre
Novembre
Décembre

Octobre

DATES

Événements à retenir

TO DO LIST

♡ ....

♡ ....

♡ ....

♡ ....

♡ ....

MON RESSENTI GÉNÉRAL

1 2 3 4 5 6 7 8 9 10

NIVEAU DE MOTIVATION

☆ ☆ ☆ ☆ ☆

Couleurs de mes émotions

○ Inspiré / inspirée
○ Amoureux / amoureuse
○ Heureux / heureuse
○ En colère
○ Triste
○ Stressé / stressée
○ ....
○ ....
○ ....

Let's Play

Octobre

DATES

Événements à retenir

TO DO LIST

♡ ....

♡ ....

♡ ....

♡ ....

♡ ....

....

....

....

....

....

MON RESSENTI GÉNÉRAL

1 2 3 4 5 6 7 8 9 10

EXERCICES DE RELAXATION MIS EN PLACE

....

....

Couleurs de mes émotions

○ Inspiré / inspirée

○ Amoureux / amoureuse

○ Heureux / heureuse

○ En colère

○ Triste

○ Stressé / stressée

○ ....

○ ....

○ ....

....

....

Octobre

DATES

Événements à retenir

TO DO LIST

♡ ....

♡ ....

♡ ....

♡ ....

♡ ....

....

....

....

....

....

MON RESSENTI GÉNÉRAL

1 2 3 4 5 6 7 8 9 10

NIVEAU DE MOTIVATION

☆ ☆ ☆ ☆ ☆

Couleurs de mes émotions

○ Inspiré / inspirée ○ Amoureux / amoureuse ○ Heureux / heureuse

○ En colère ○ Triste ○ Stressé / stressée

○ .... ○ .... ○ ....

....

....

Octobre

DATES

Événements à retenir

TO DO LIST

- ♡
- ♡
- ♡
- ♡
- ♡

MON RESSENTI GÉNÉRAL

1 2 3 4 5 6 7 8 9 10

EXERCICES DE RELAXATION MIS EN PLACE

Couleurs de mes émotions

- ○ Inspiré / inspirée
- ○ Amoureux / amoureuse
- ○ Heureux / heureuse
- ○ En colère
- ○ Triste
- ○ Stressé / stressée
- ○
- ○
- ○

MAGIC
A
A

Octobre

DATES

Événements à retenir

TO DO LIST

♡ ....

♡ ....

♡ ....

♡ ....

♡ ....

....

....

....

....

....

MON RESSENTI GÉNÉRAL

1 2 3 4 5 6 7 8 9 10

NIVEAU DE MOTIVATION

☆ ☆ ☆ ☆ ☆

Couleurs de mes émotions

○ Inspiré / inspirée ○ Amoureux / amoureuse ○ Heureux / heureuse

○ En colère ○ Triste ○ Stressé / stressée

○ .... ○ .... ○ ....

....

....

Livres

Toutes les lectures qui m'ont tenu(e) en haleine

TITRE	GENRE	TEMPS DE LECTURE	NOTE
			☺☺☺☺
			☺☺☺☺
			☺☺☺☺
			☺☺☺☺

Mes auteurs préférés

- ....
- ....
- ....
- ....
- ....
- ....
- ....
- ....

Livres
Décembre
Janvier
Novembre
Février
Octobre
Mars
Septembre
Avril
Août
Mai
Juillet
Juin

Novembre

DATES

Événements à retenir

TO DO LIST

♡ ....

♡ ....

♡ ....

♡ ....

♡ ....

MON RESSENTI GÉNÉRAL

1 2 3 4 5 6 7 8 9 10

NIVEAU DE MOTIVATION

Couleurs de mes émotions

Inspiré / inspirée

Amoureux / amoureuse

Heureux / heureuse

En colère

Triste

Stressé / stressée

....

....

....

To the Moon
and Back

Novembre

DATES

Événements à retenir

TO DO LIST

♡ ....

♡ ....

♡ ....

♡ ....

♡ ....

....

....

....

....

....

MON RESSENTI GÉNÉRAL

1 2 3 4 5 6 7 8 9 10

EXERCICES DE RELAXATION MIS EN PLACE

....

....

Couleurs de mes émotions

○ Inspiré / inspirée ○ Amoureux / amoureuse ○ Heureux / heureuse

○ En colère ○ Triste ○ Stressé / stressée

○ .... ○ .... ○ ....

....

....

Novembre

DATES

Événements à retenir

TO DO LIST

♡ ....

♡ ....

♡ ....

♡ ....

♡ ....

....

....

....

....

....

MON RESSENTI GÉNÉRAL

1 2 3 4 5 6 7 8 9 10

NIVEAU DE MOTIVATION

☆ ☆ ☆ ☆ ☆

Couleurs de mes émotions

○ Inspiré / inspirée

○ Amoureux / amoureuse

○ Heureux / heureuse

○ En colère

○ Triste

○ Stressé / stressée

○ ....

○ ....

○ ....

....

....

Novembre

DATES

Événements à retenir

TO DO LIST

♡ ....

♡ ....

♡ ....

♡ ....

♡ ....

....

....

....

....

....

MON RESSENTI GÉNÉRAL

1 2 3 4 5 6 7 8 9 10

EXERCICES DE RELAXATION MIS EN PLACE

....

....

Couleurs de mes émotions

○ Inspiré / inspirée

○ Amoureux / amoureuse

○ Heureux / heureuse

○ En colère

○ Triste

○ Stressé / stressée

○ ....

○ ....

○ ....

....

....

Loisirs créatifs

LES MEILLEURS MOMENTS DE DÉTENTE CRÉATIFS DE L'ANNÉE

LOISIR	DATE	RÉSULTAT
		☺☺☺☺
		☺☺☺☺
		☺☺☺☺
		☺☺☺☺
		☺☺☺☺
		☺☺☺☺
		☺☺☺☺

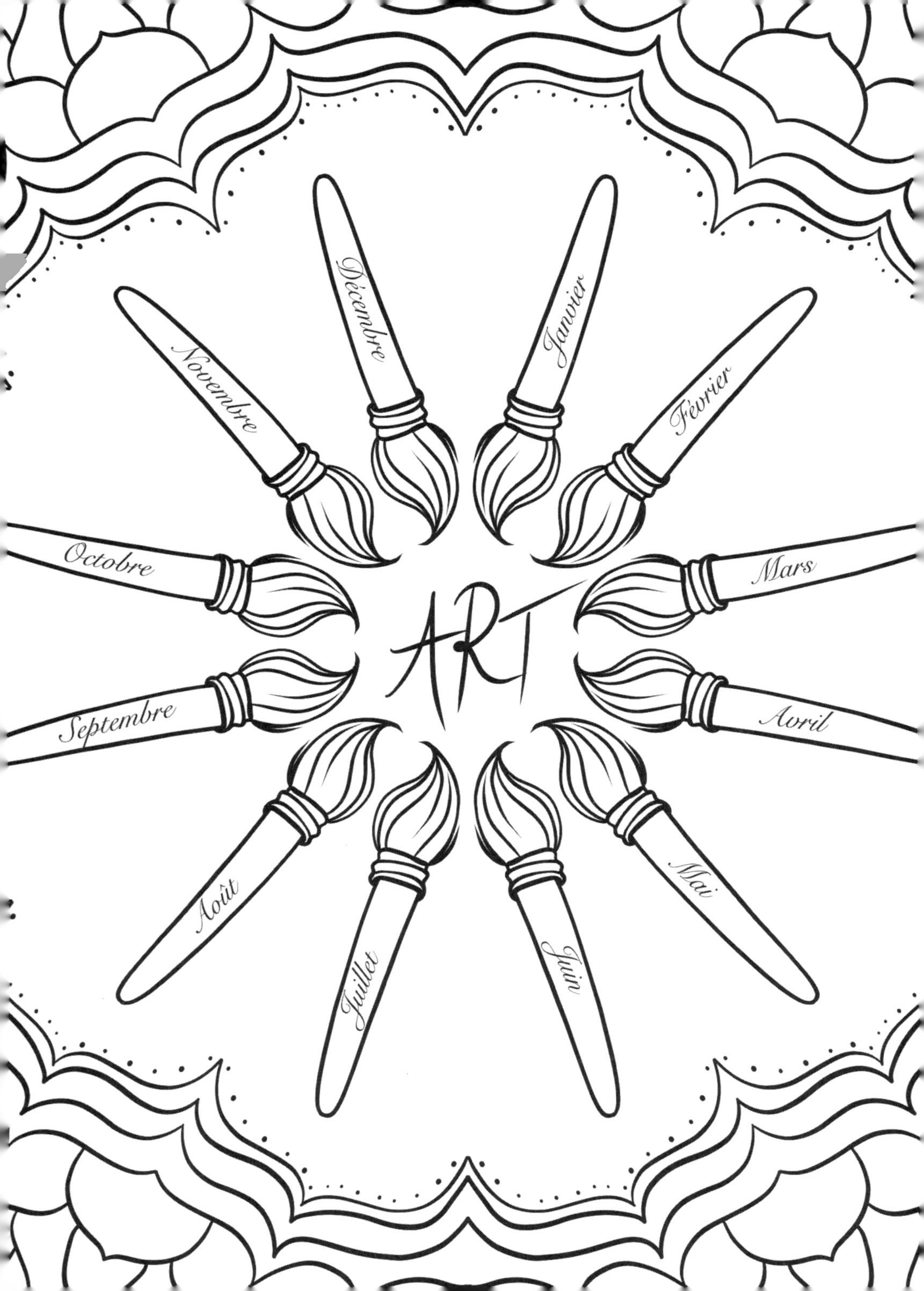
ART
Janvier
Février
Mars
Avril
Mai
Juin
Juillet
Août
Septembre
Octobre
Novembre
Décembre

Décembre

DATES

TO DO LIST

♡ ....

♡ ....

♡ ....

♡ ....

♡ ....

Événements à retenir

....

....

....

....

....

MON RESSENTI GÉNÉRAL

1 2 3 4 5 6 7 8 9 10

NIVEAU DE MOTIVATION

☆ ☆ ☆ ☆ ☆

Couleurs de mes émotions

○ Inspiré / inspirée ○ Amoureux / amoureuse ○ Heureux / heureuse

○ En colère ○ Triste ○ Stressé / stressée

○ .... ○ .... ○ ....

....

....

Décembre

DATES

Événements à retenir

TO DO LIST

♡ ....

♡ ....

♡ ....

♡ ....

♡ ....

MON RESSENTI GÉNÉRAL

1 2 3 4 5 6 7 8 9 10

EXERCICES DE RELAXATION MIS EN PLACE

....

....

Couleurs de mes émotions

- Inspiré / inspirée
- Amoureux / amoureuse
- Heureux / heureuse
- En colère
- Triste
- Stressé / stressée
- ....
- ....
- ....

....

....

Candy

Décembre

DATES

Événements à retenir

....

....

....

....

....

TO DO LIST

♡ ....

♡ ....

♡ ....

♡ ....

♡ ....

MON RESSENTI GÉNÉRAL

1 2 3 4 5 6 7 8 9 10

NIVEAU DE MOTIVATION

☆ ☆ ☆ ☆ ☆

Couleurs de mes émotions

○ Inspiré / inspirée ○ Amoureux / amoureuse ○ Heureux / heureuse

○ En colère ○ Triste ○ Stressé / stressée

○ .... ○ .... ○ ....

....

....

Shining Star

Décembre

DATES

Événements à retenir

....

....

....

....

....

TO DO LIST

- ♡ ....
- ♡ ....
- ♡ ....
- ♡ ....
- ♡ ....

MON RESSENTI GÉNÉRAL

1 2 3 4 5 6 7 8 9 10

EXERCICES DE RELAXATION MIS EN PLACE

....

....

Couleurs de mes émotions

◯ Inspiré / inspirée	◯ Amoureux / amoureuse	◯ Heureux / heureuse
◯ En colère	◯ Triste	◯ Stressé / stressée
◯	◯	◯ ....

....

....

Notes

Notes

58, rue Jean Bleuzen – 92178 Vanves Cedex

Direction : Catherine Saunier-Talec
Directeur de projet : Timothée Le Mière
Responsable de projet : Anne Vallet
Conception et réalisation intérieure : SKGD-Création
Illustrations : Sandrine Fourrier
Fabrication : Grégory Morin

Dépôt légal : janvier 2025
16-7817-8 /01
ISBN : 978-2-01-728575-5
Imprimé en Chine par Starlite

PAPIER CERTIFIÉ